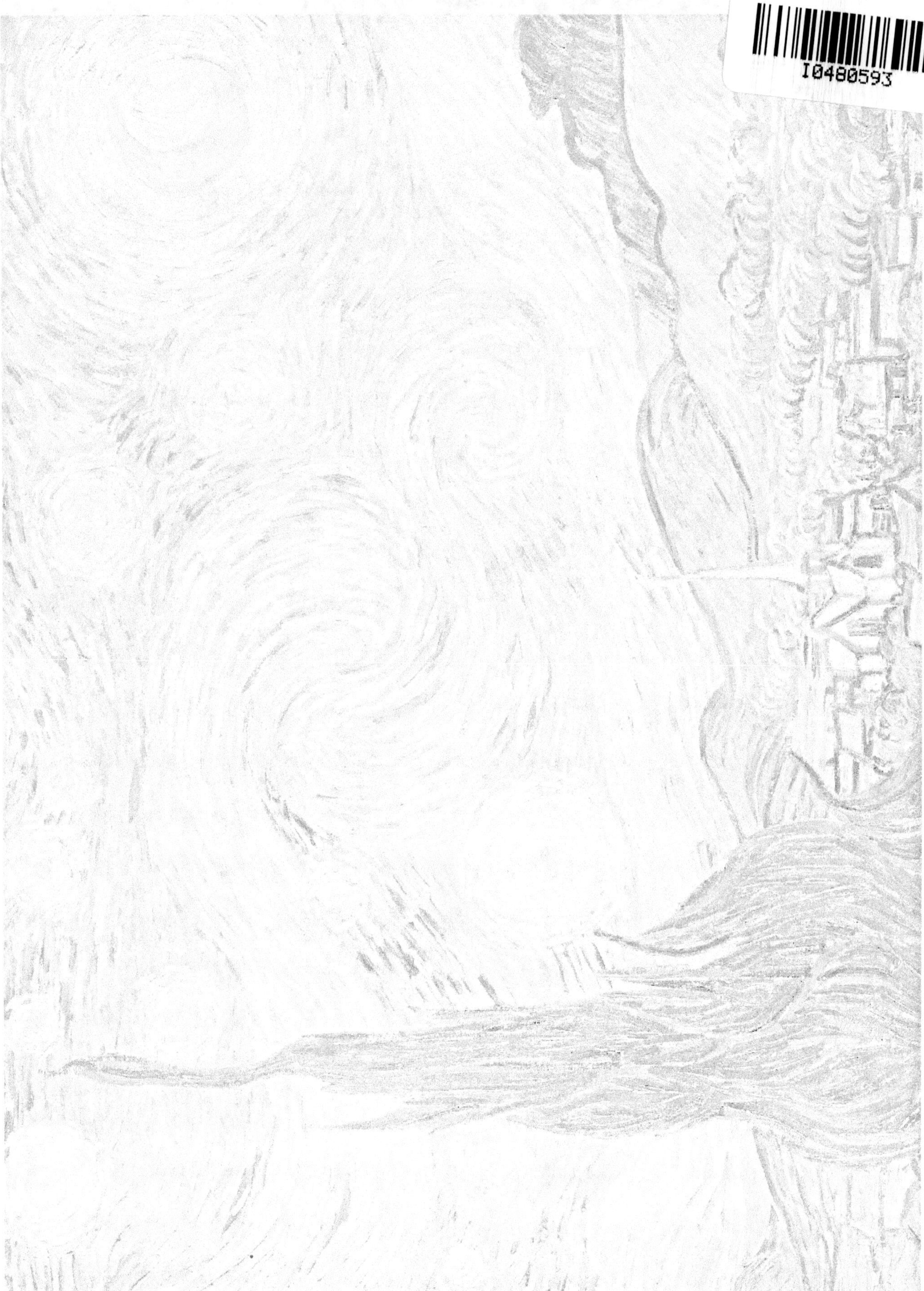

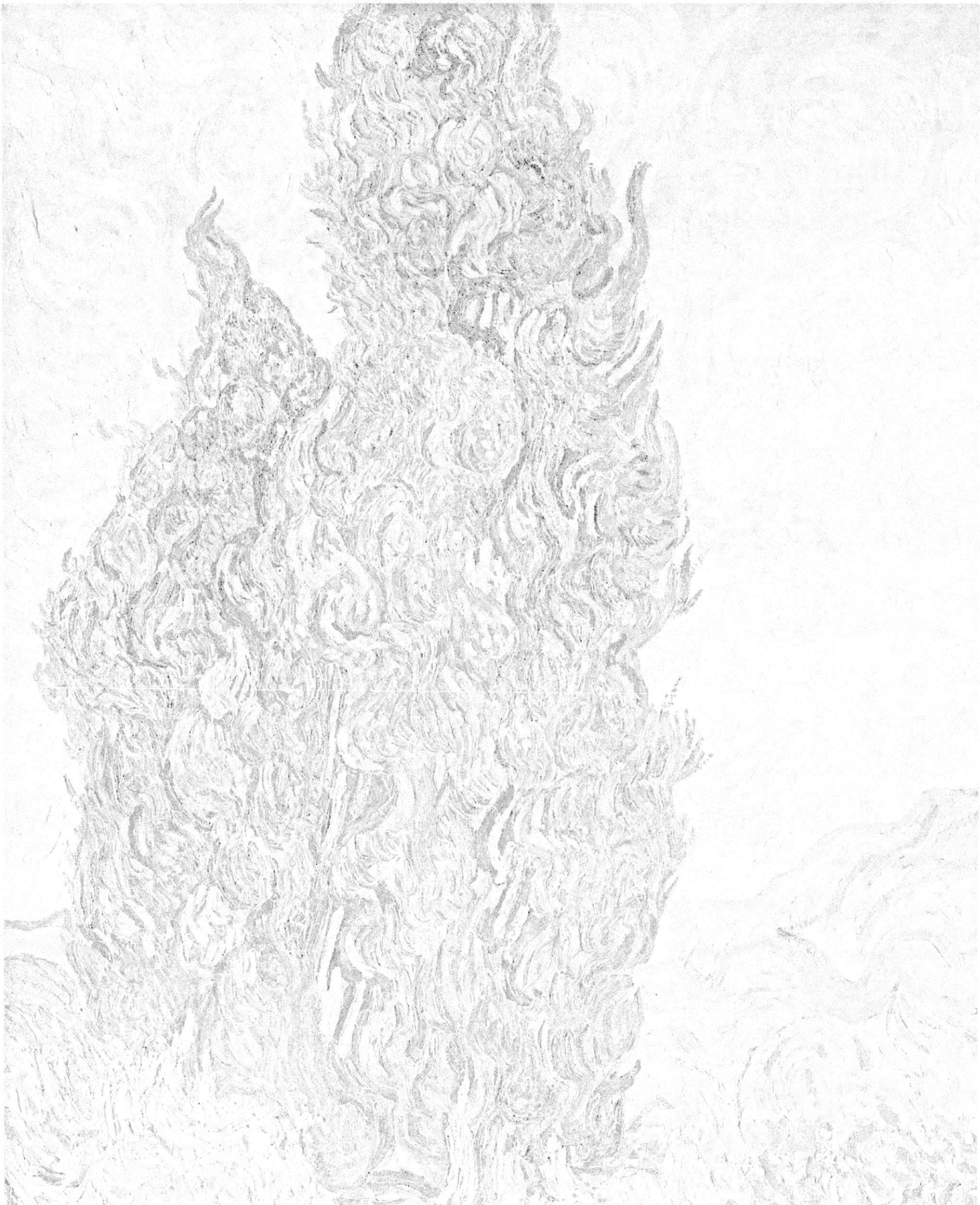

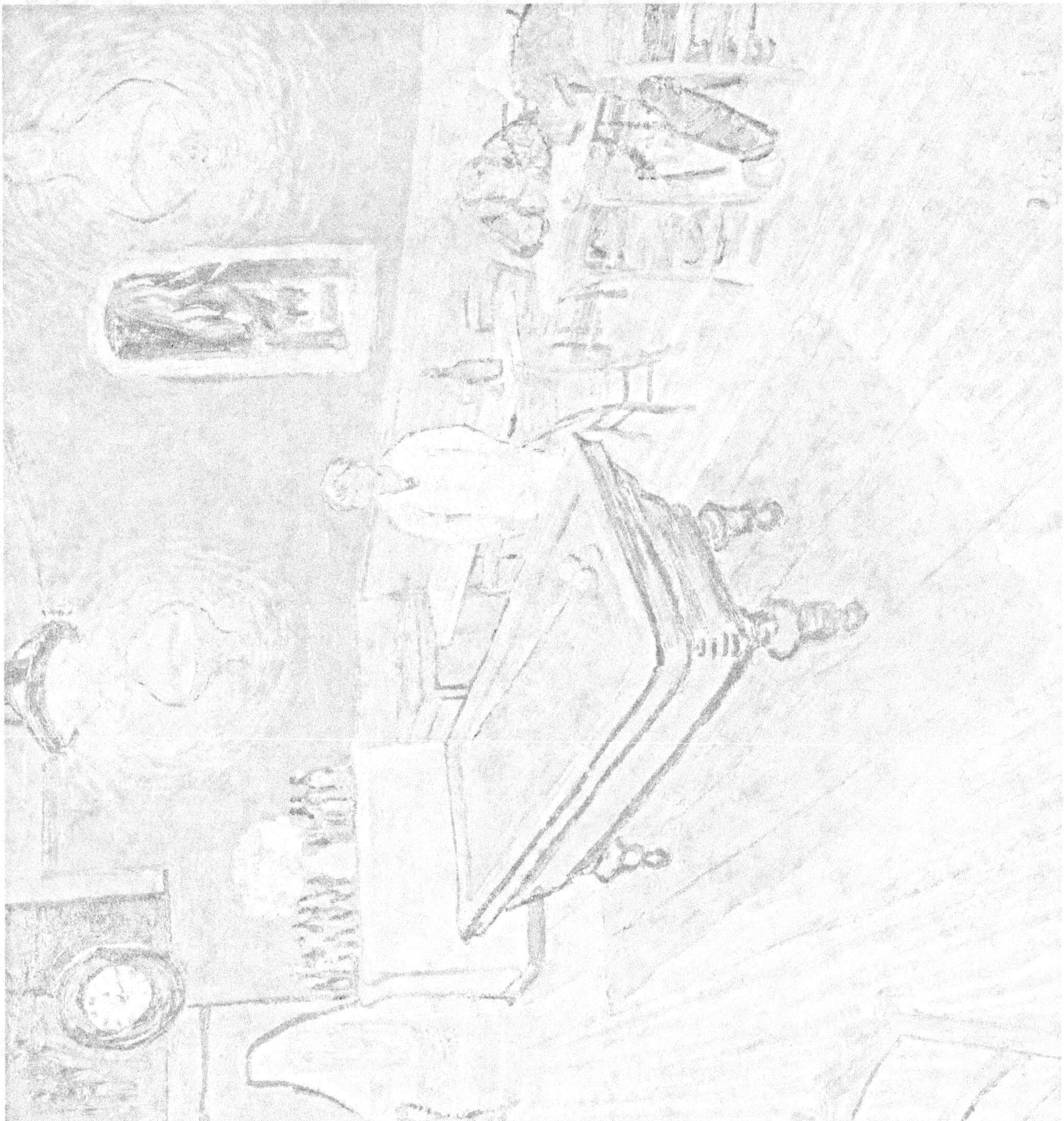

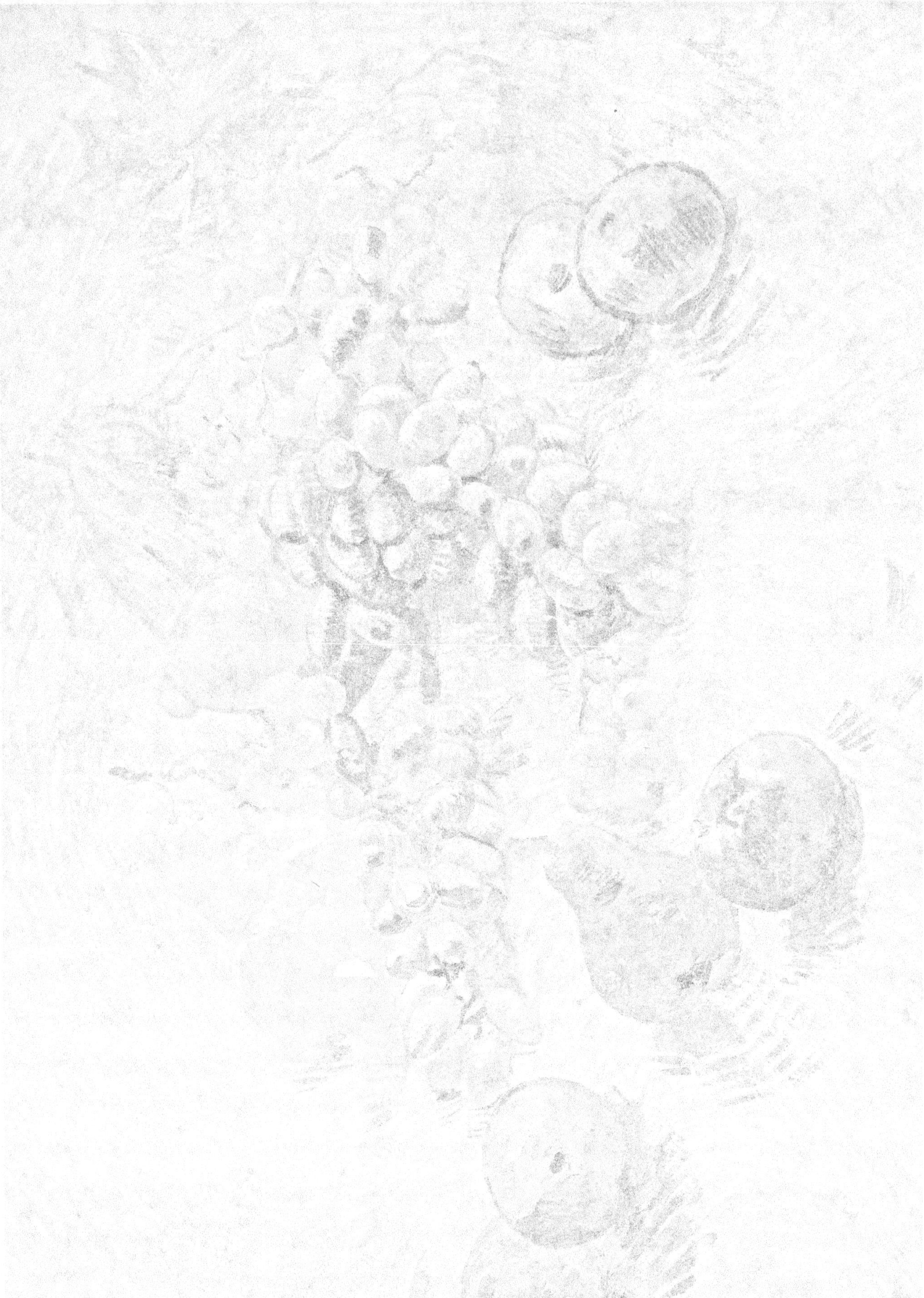

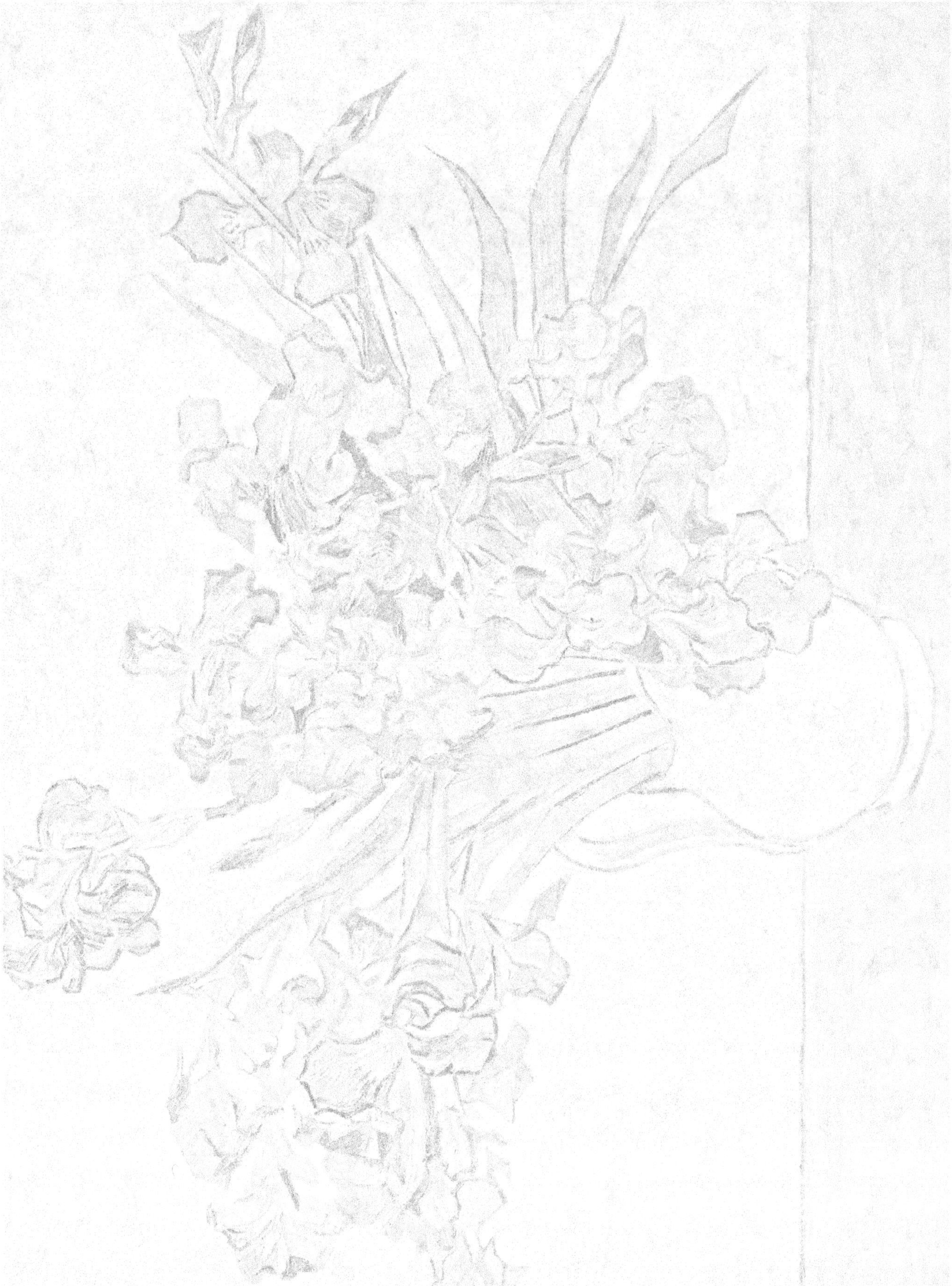

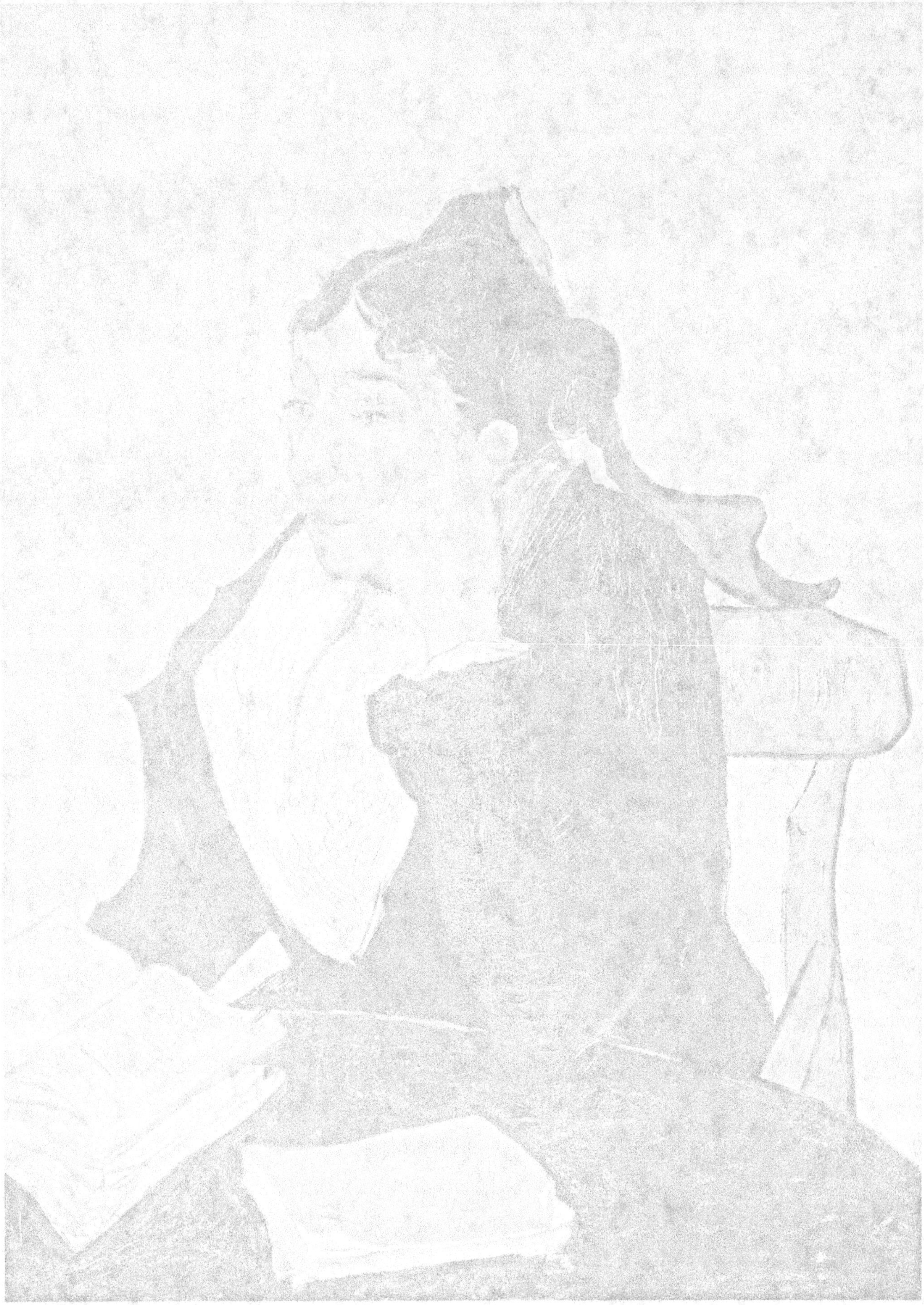

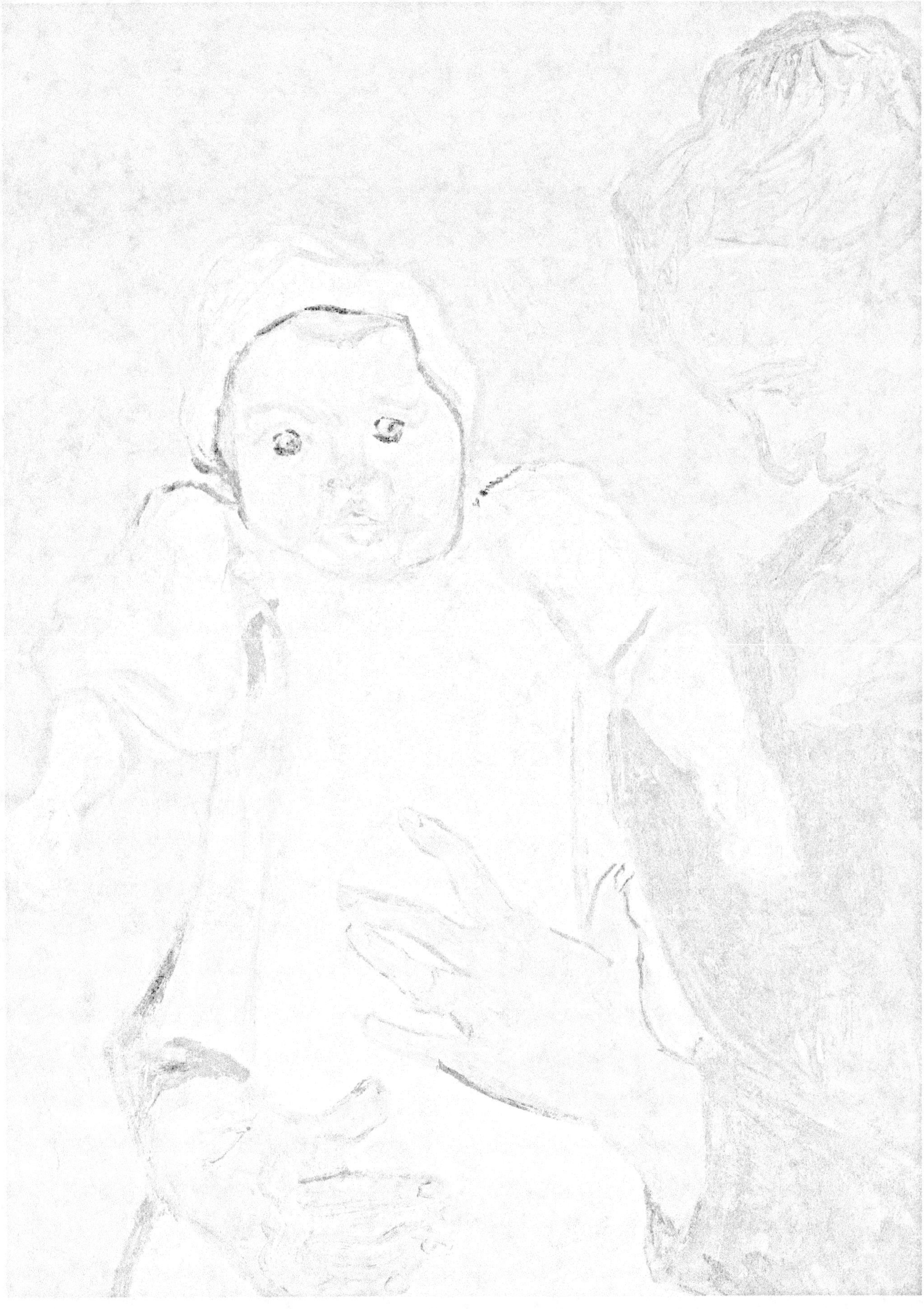

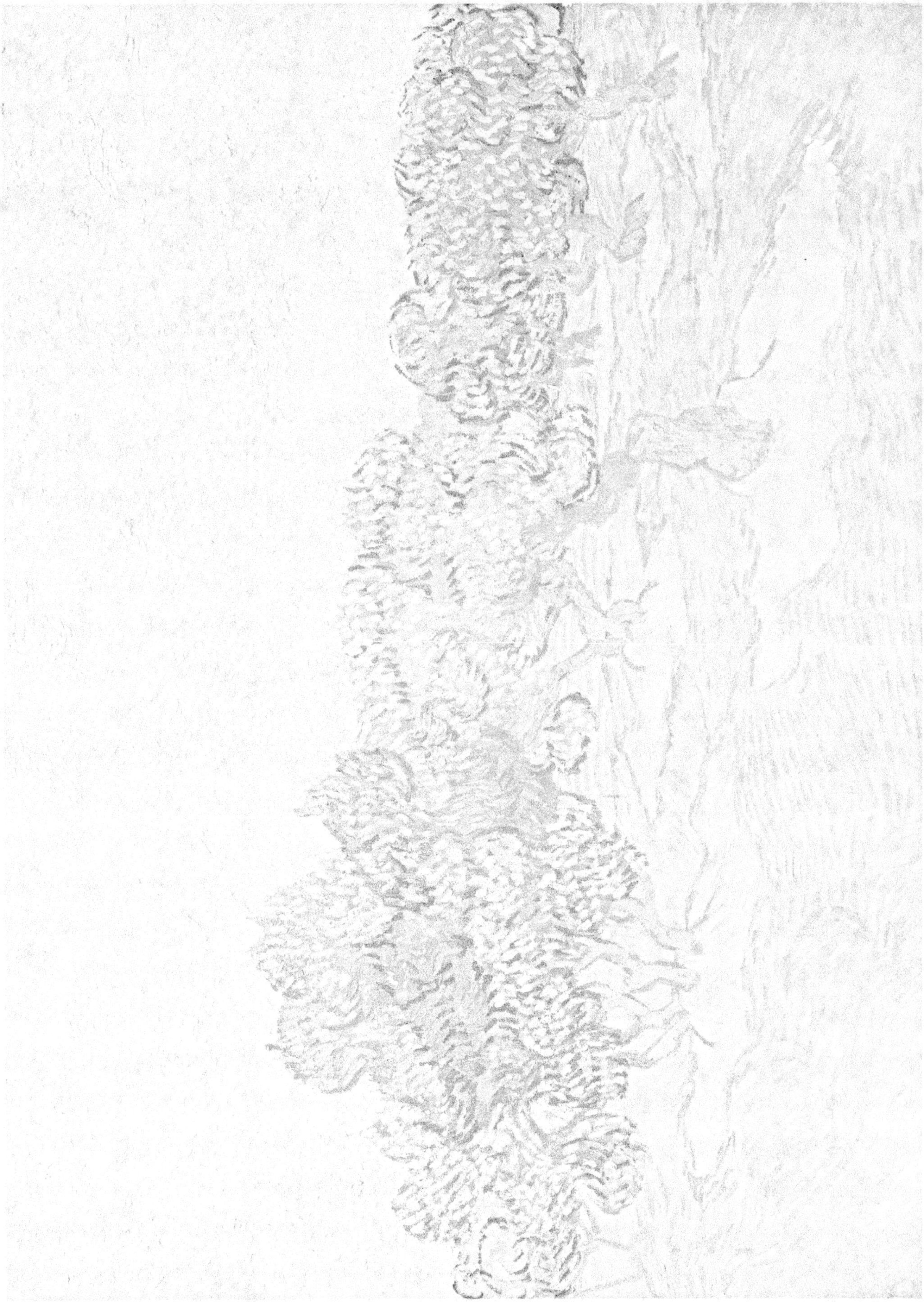

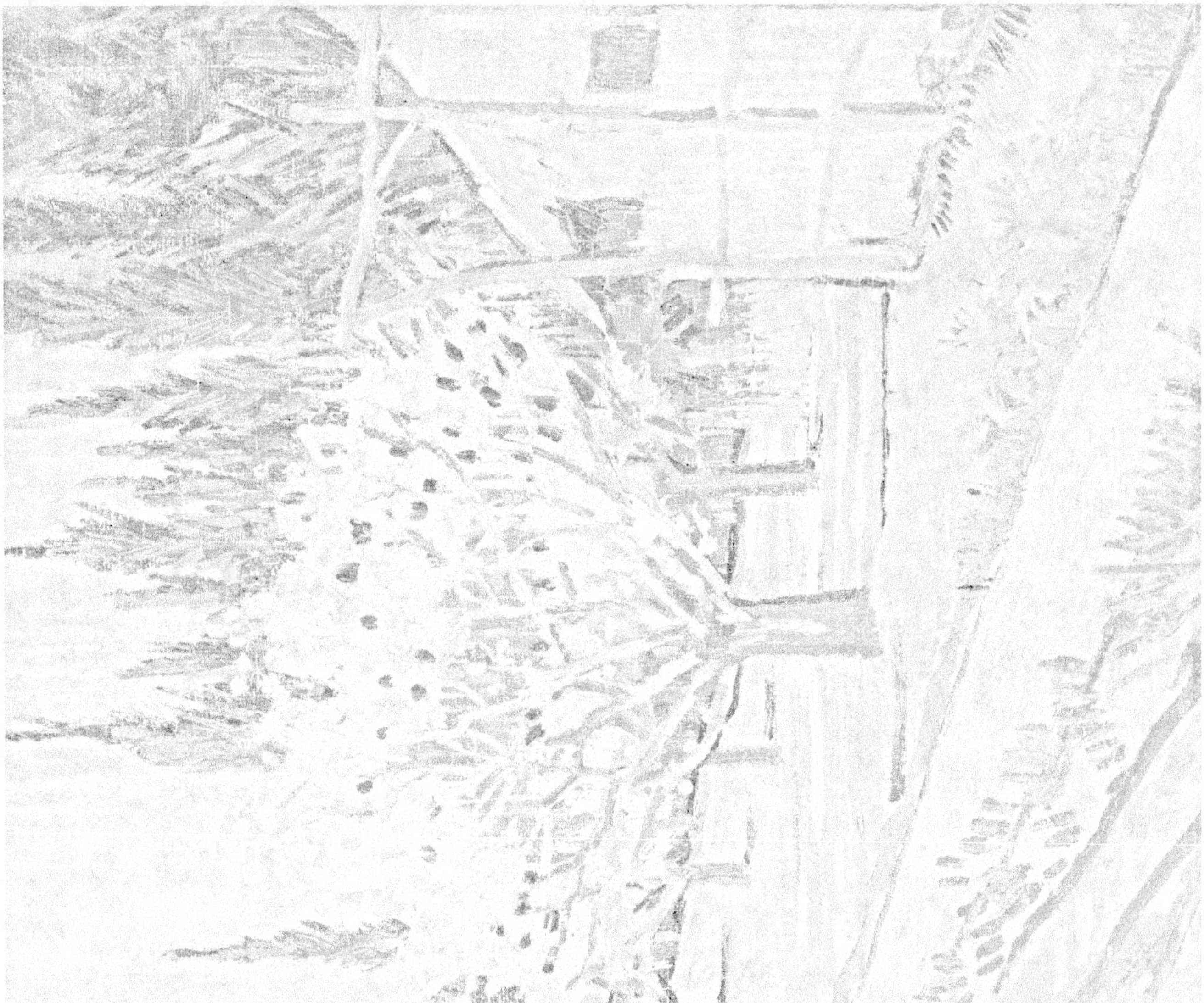

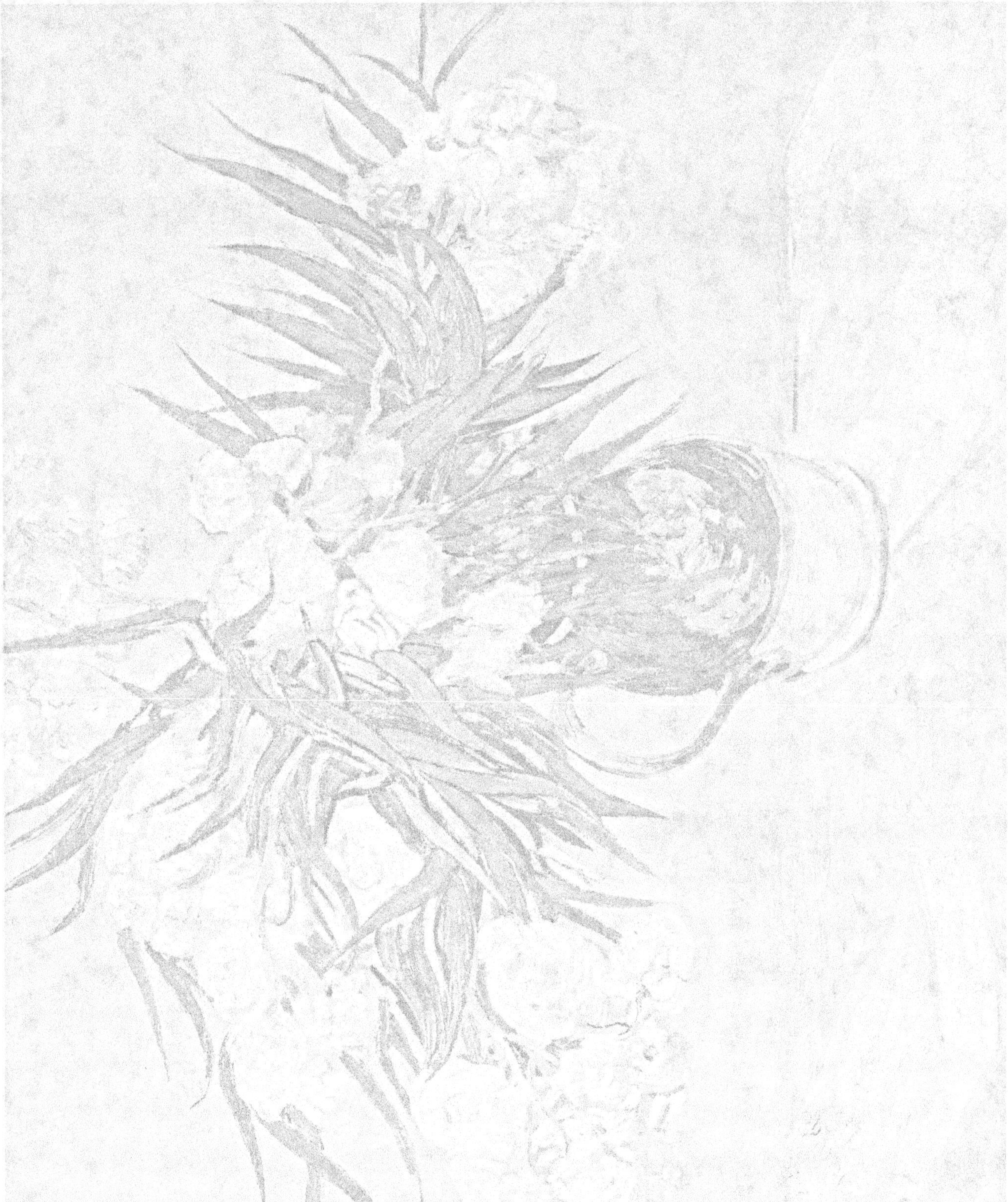

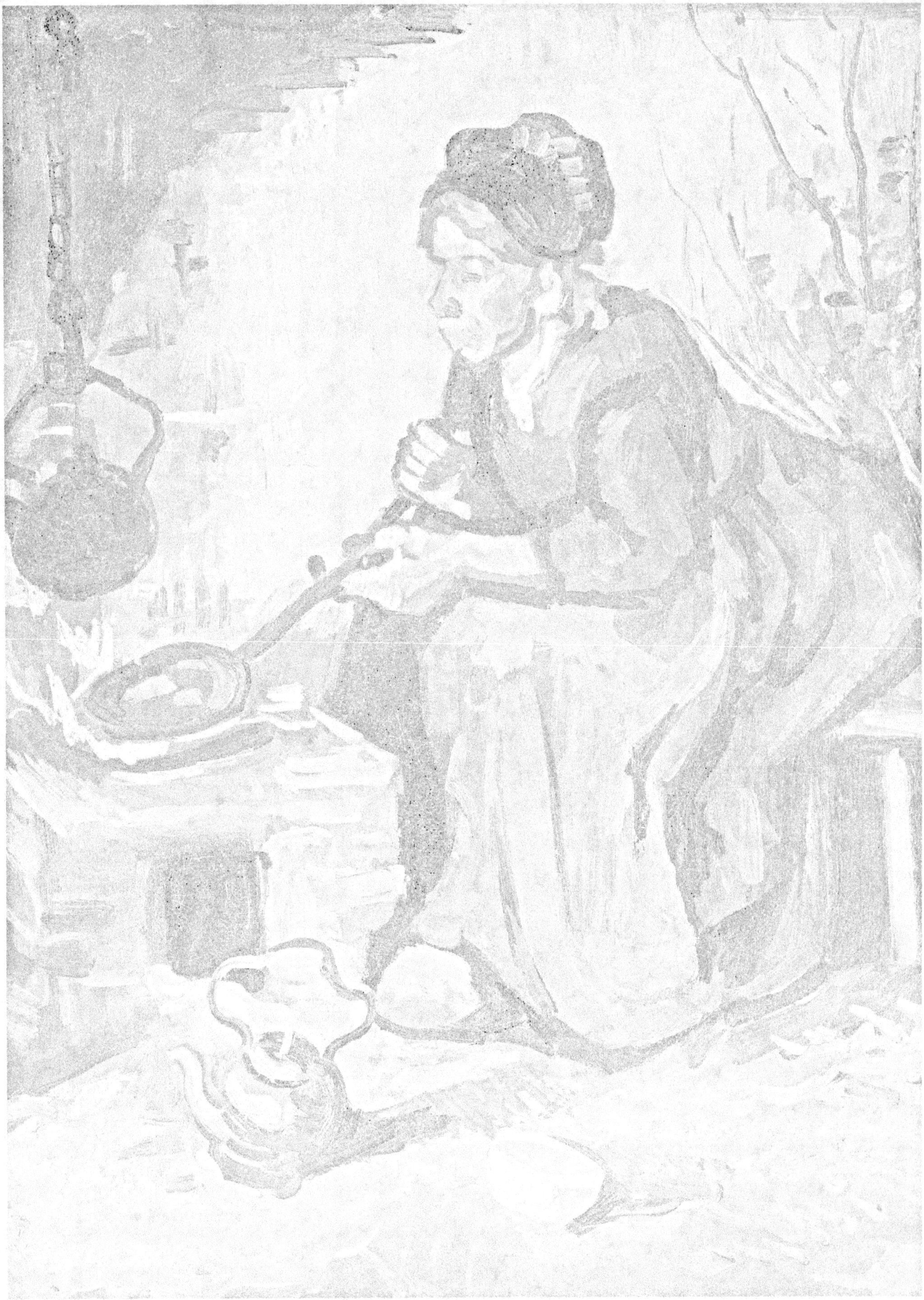

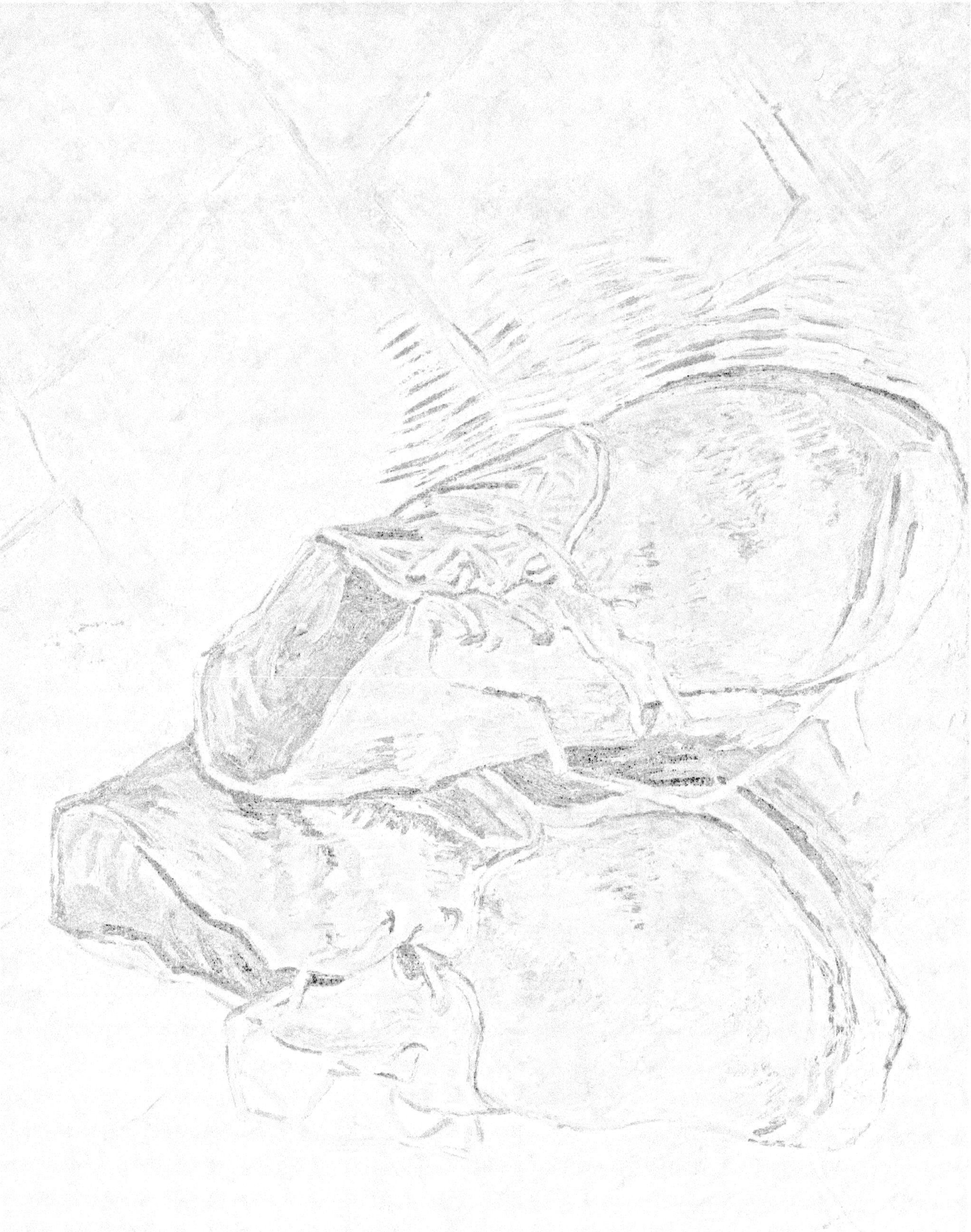

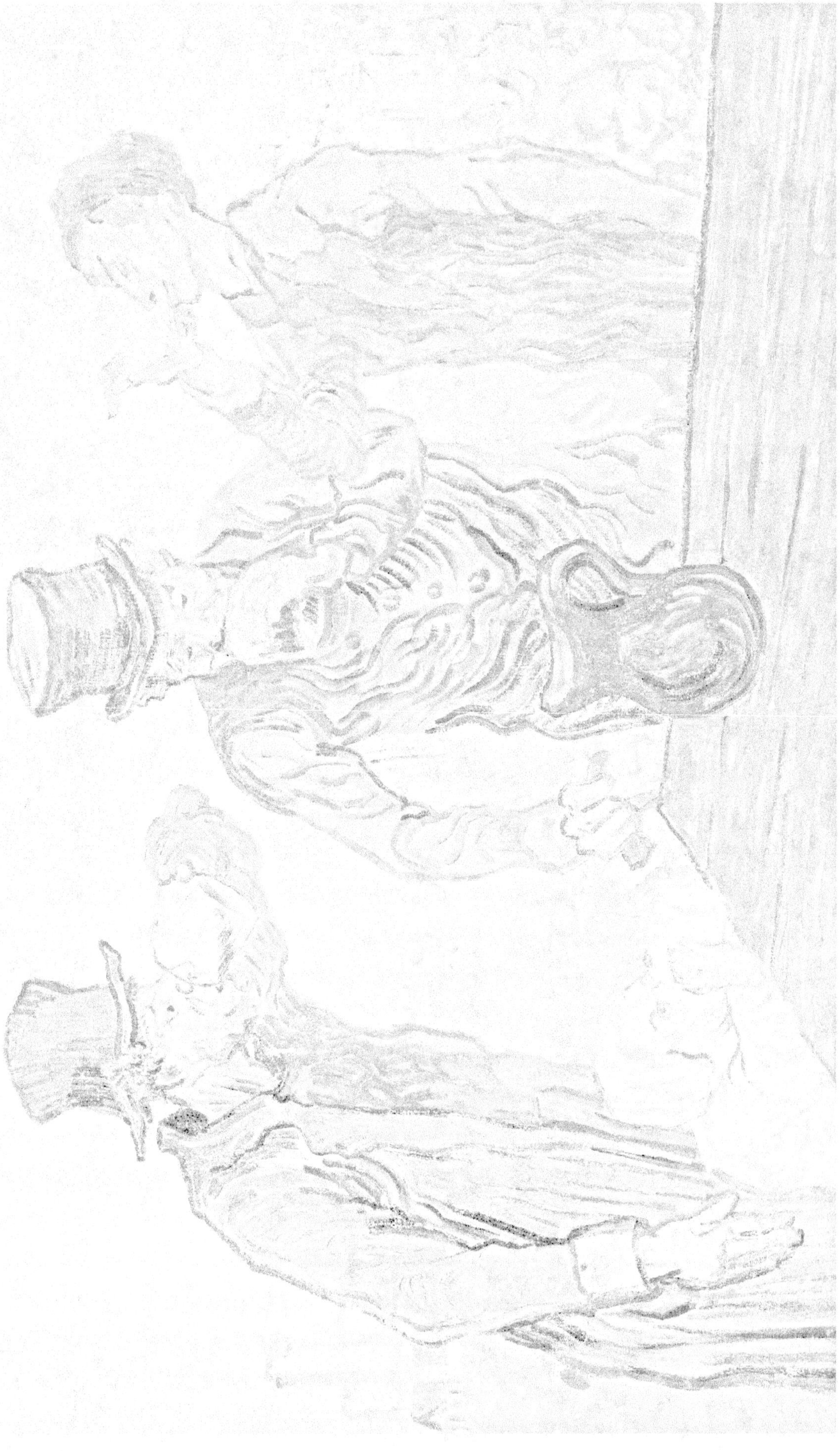

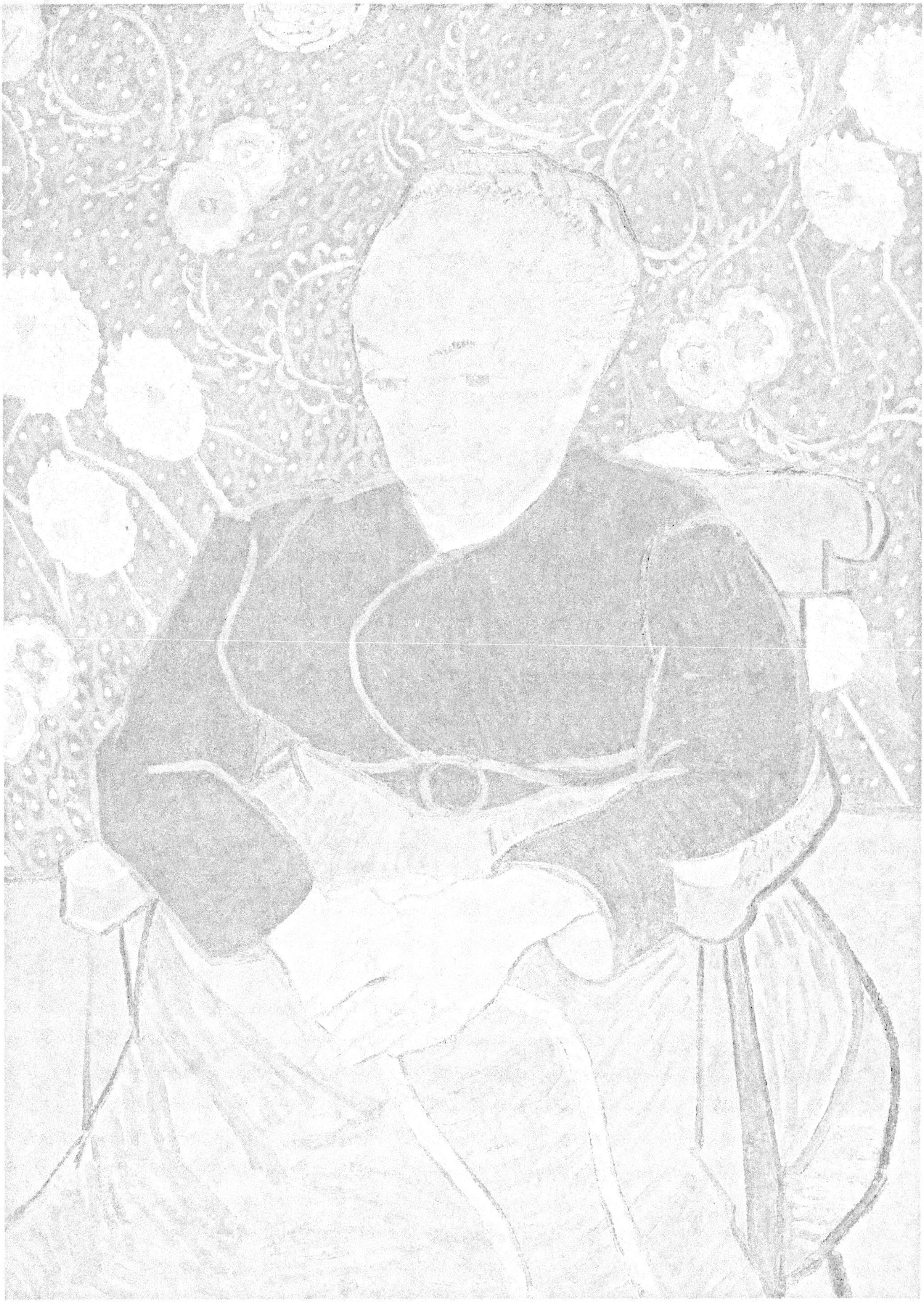

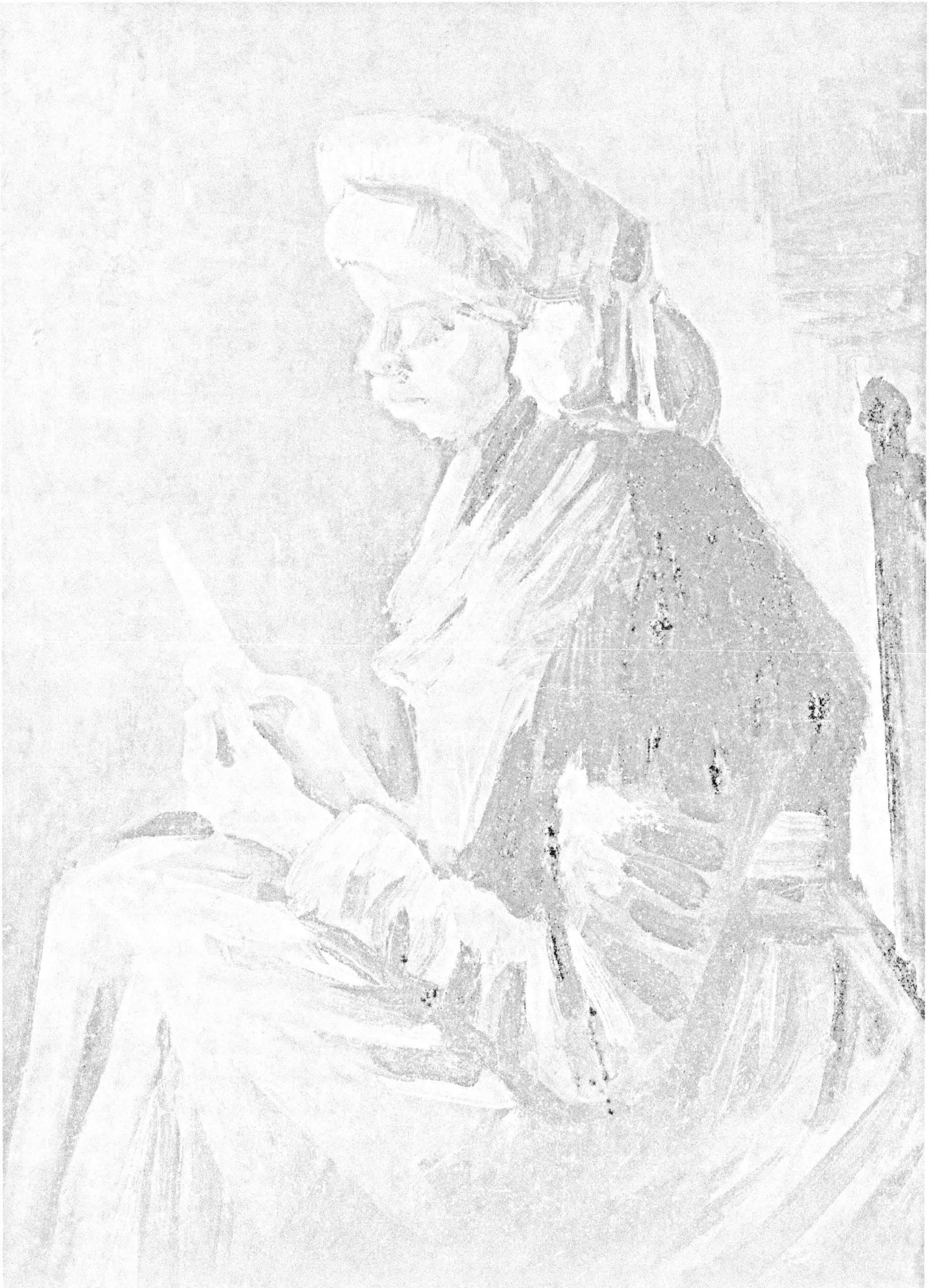

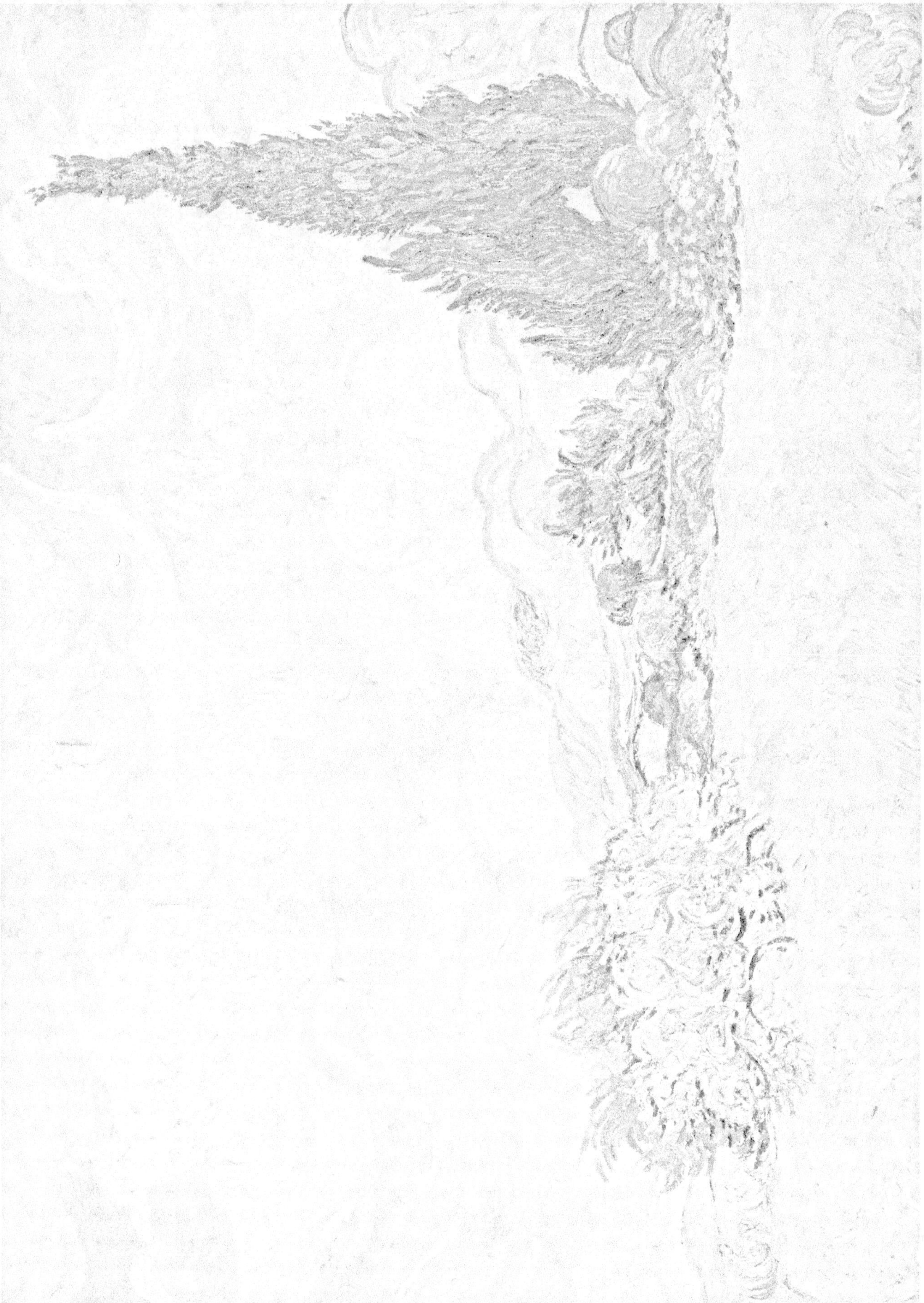

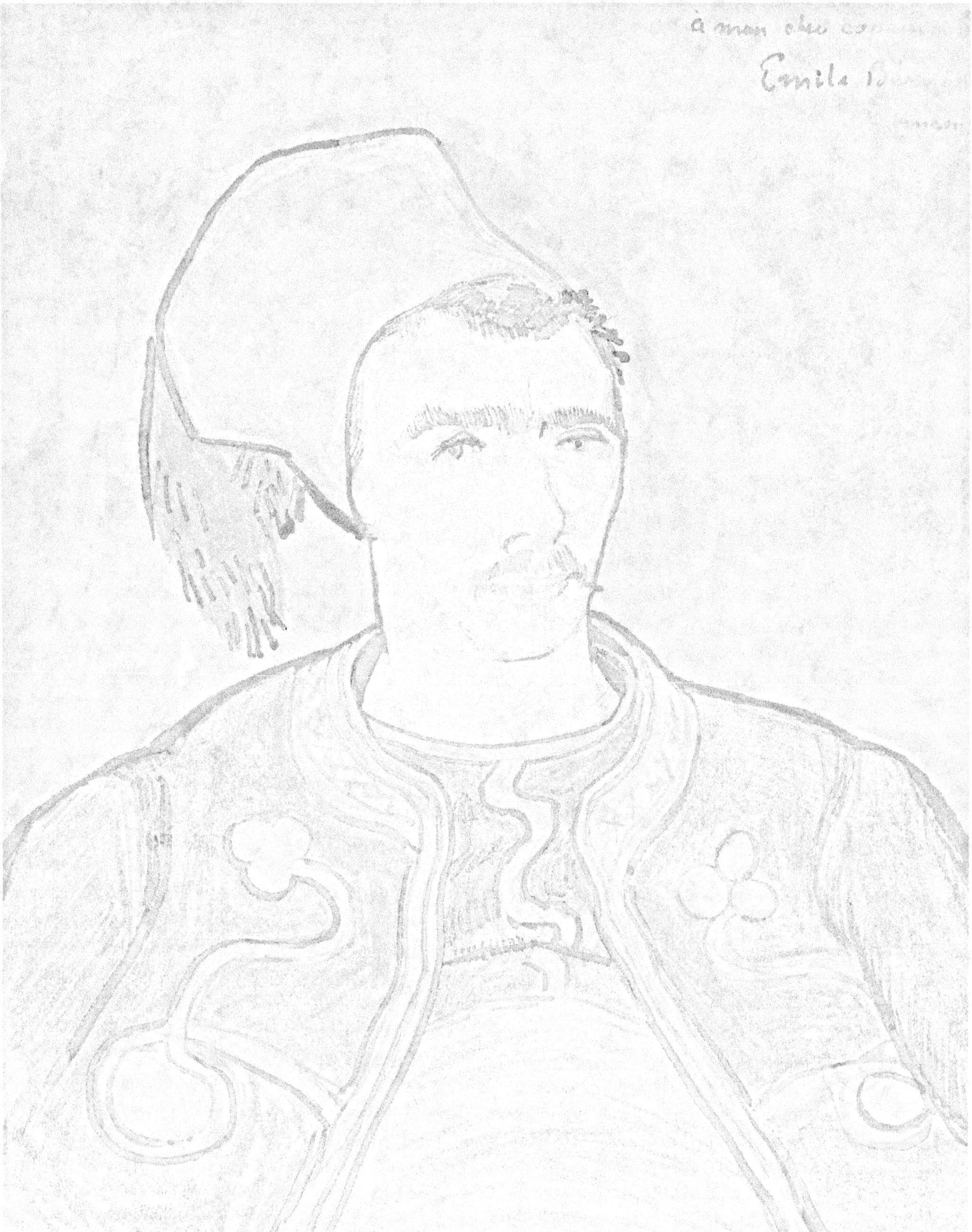
à mon cher
Emile

POSTES

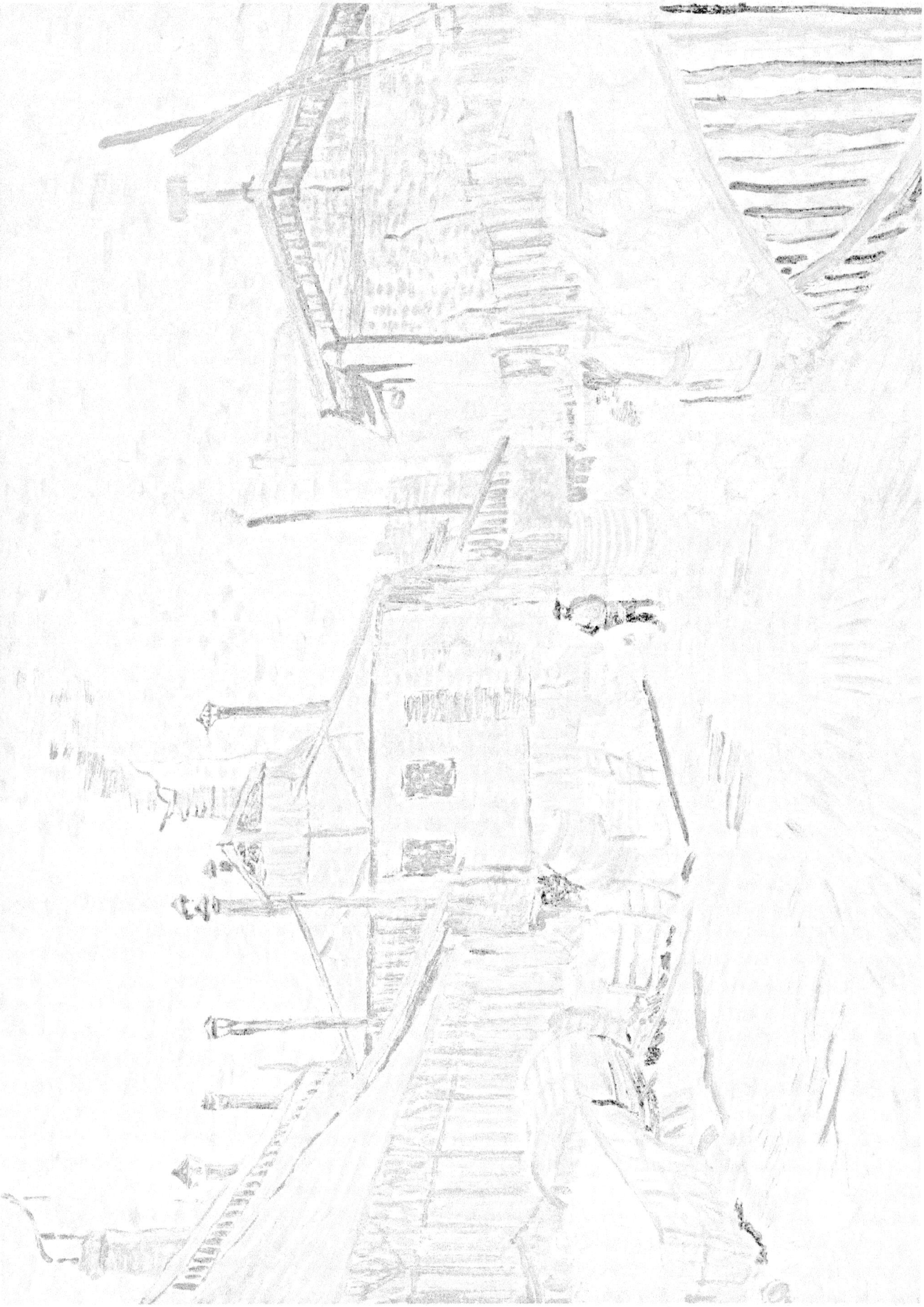

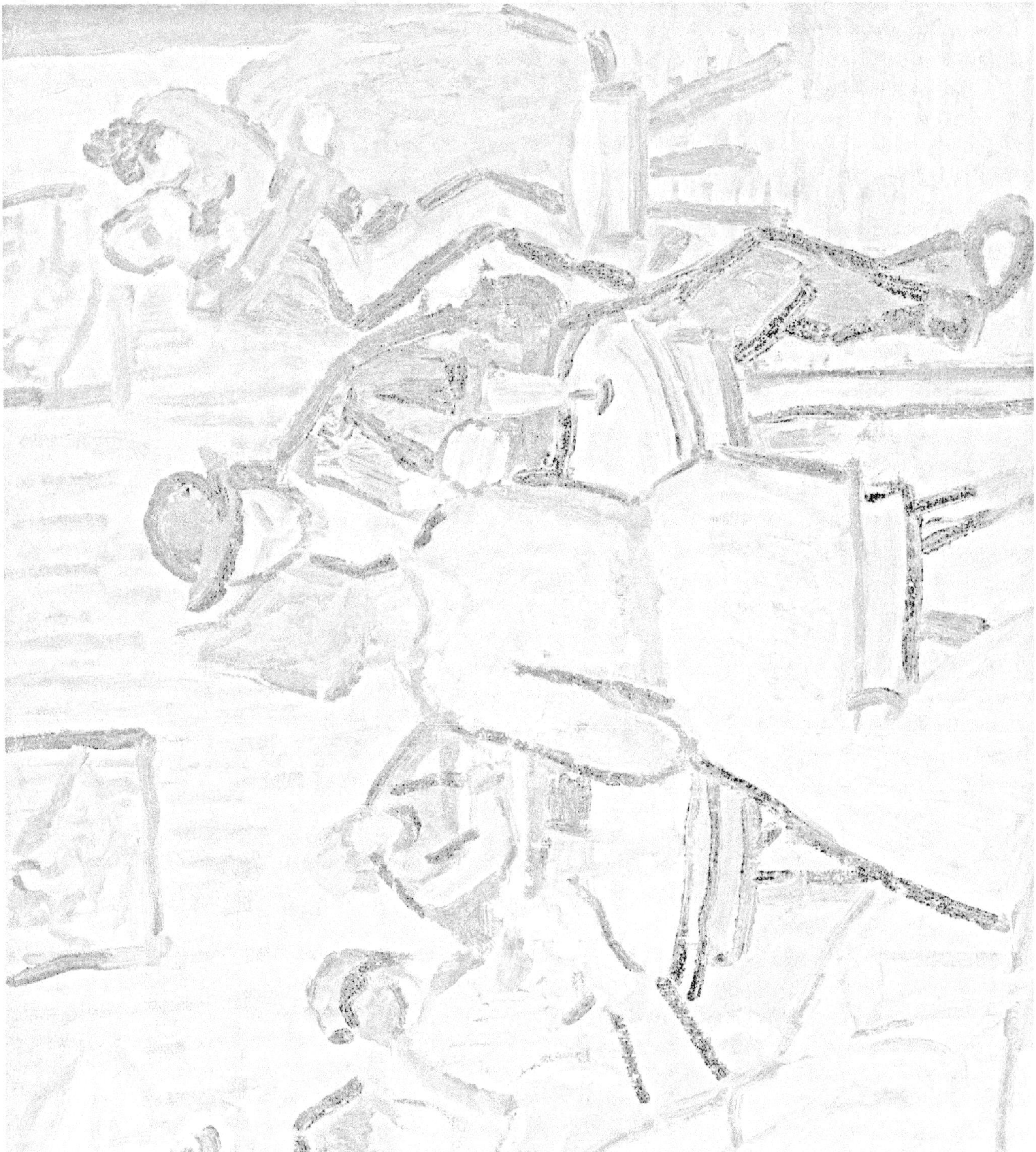

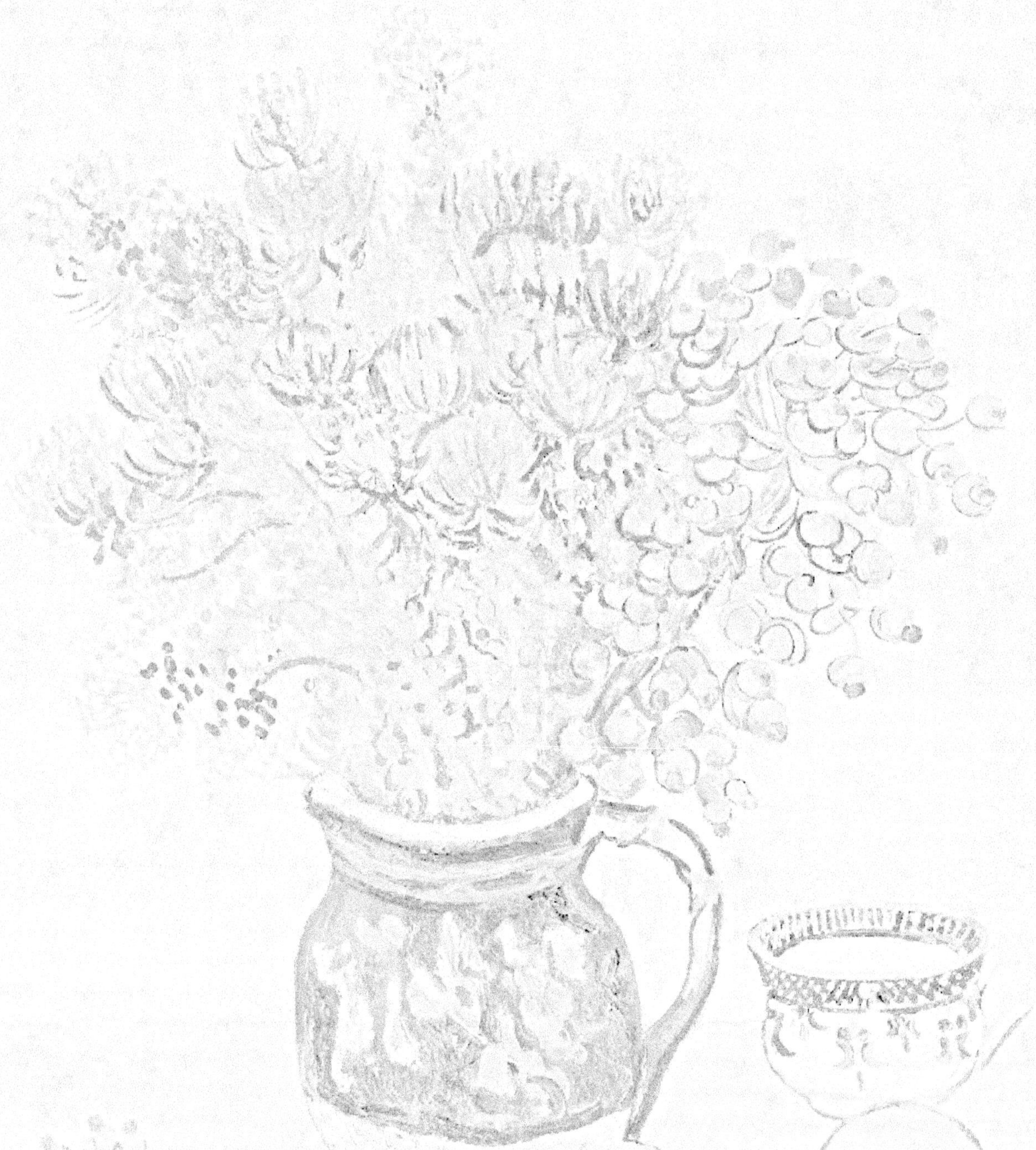

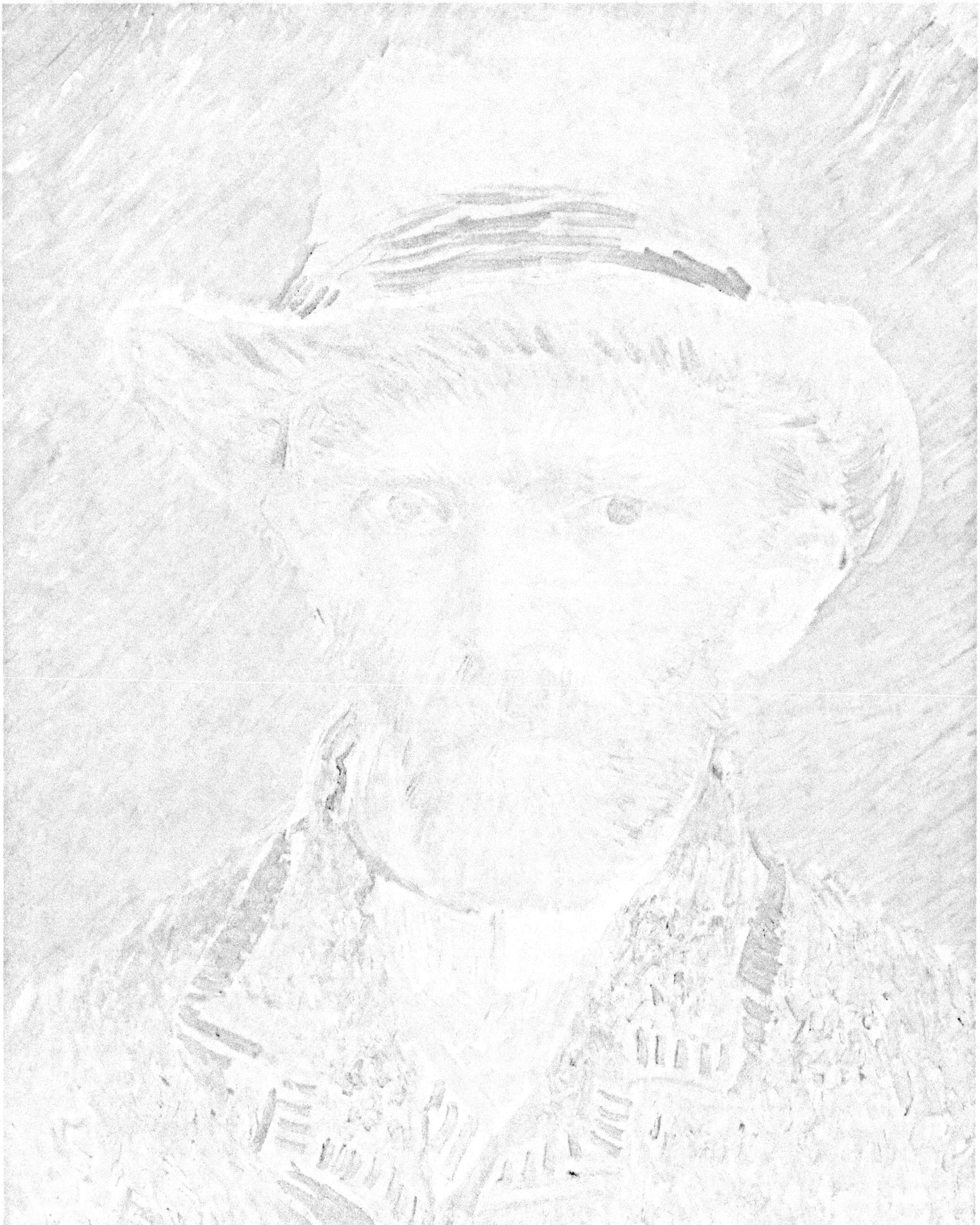

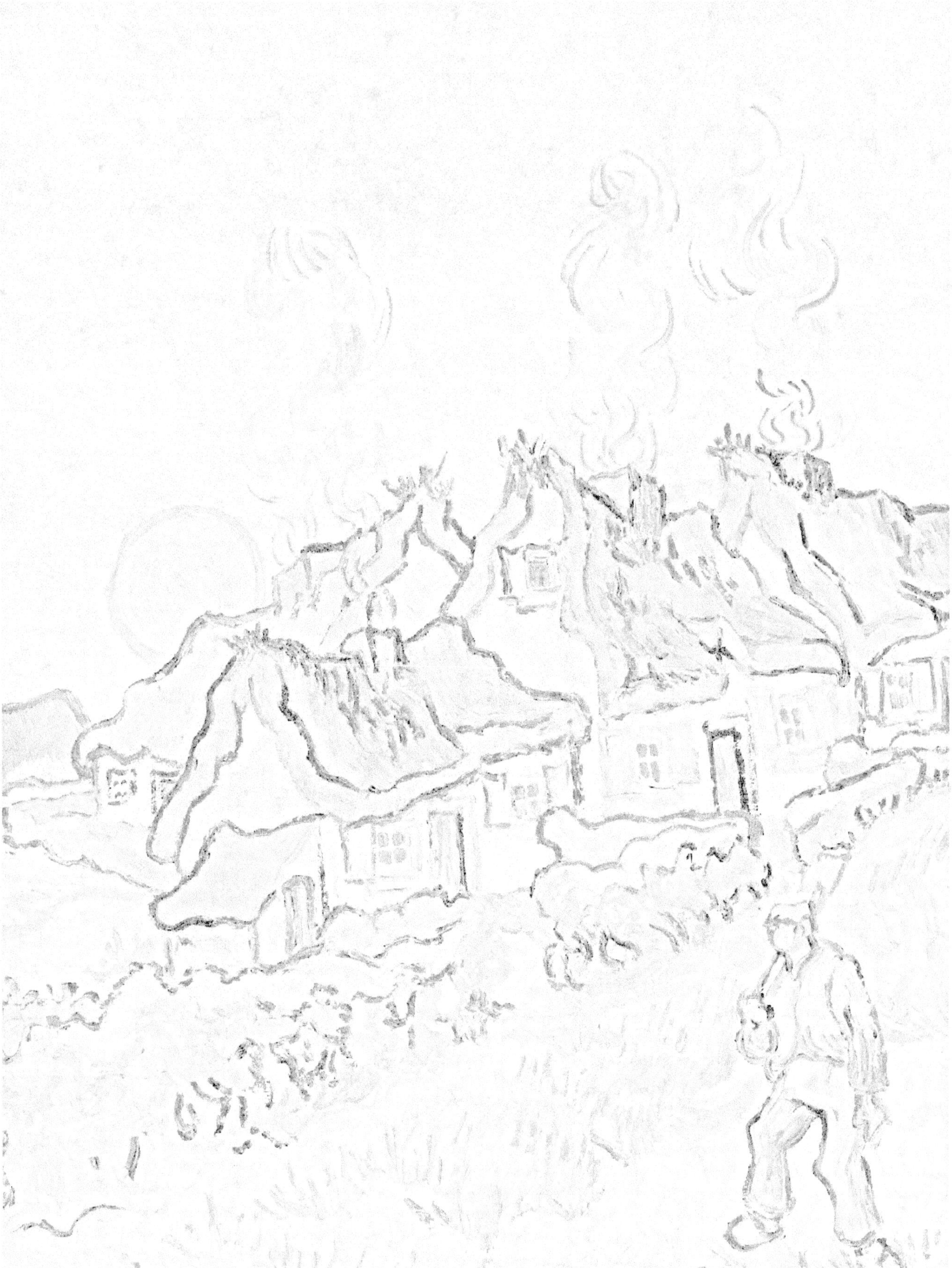

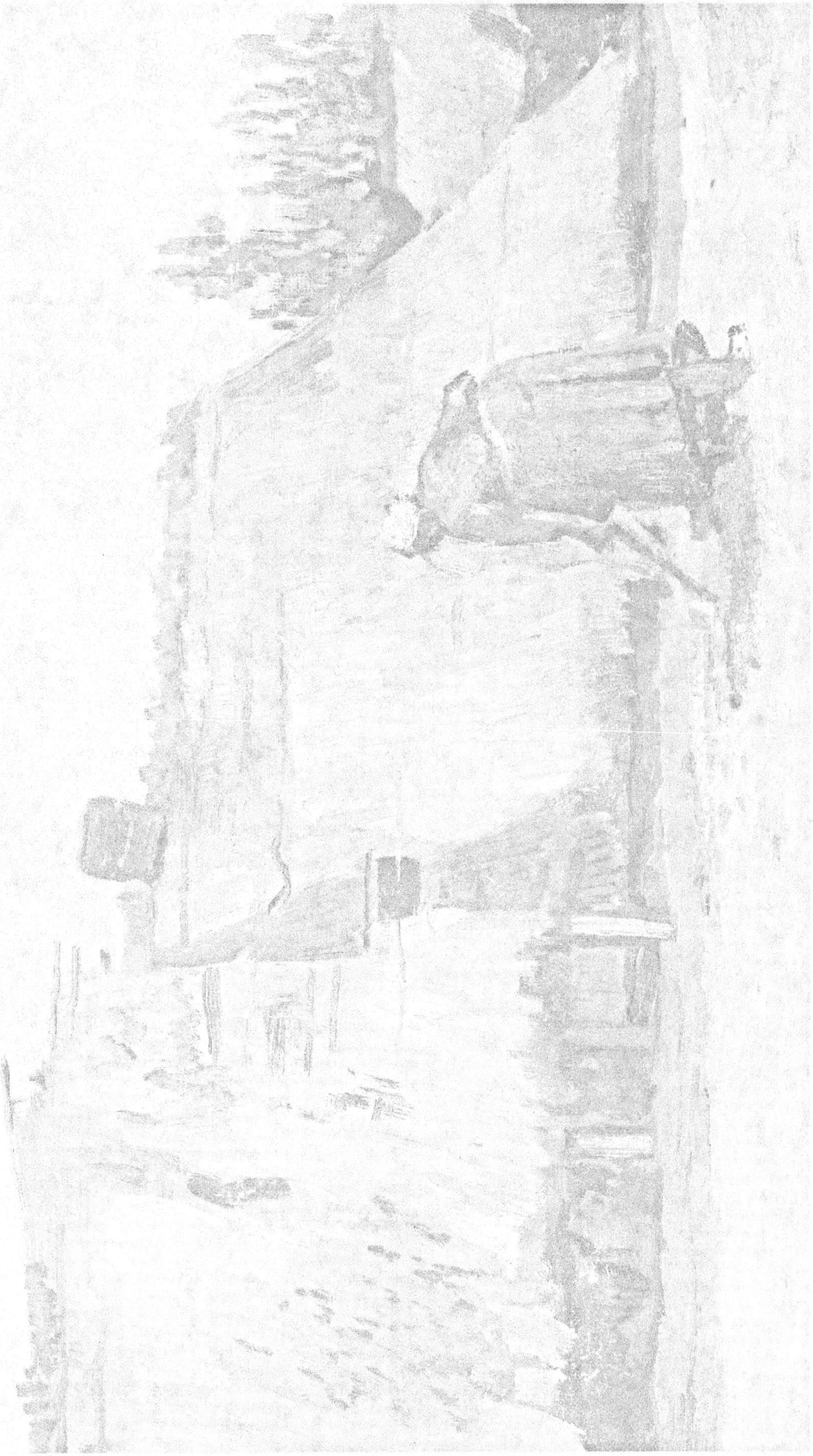

www.ingramcontent.com/pod-product-compliance
Lightning Source LLC
Chambersburg PA
CBHW081533220526
45467CB00010B/3171
9798715410924